Dedicado a los niños de Puerto Rico,
en especial a mi hijo Gabriel.

© 2004, Paola Nogueras
ISBN 0-9721888-2-7
Publicado por Gabriel Press
2524 Bryn Mawr Avenue, Ardmore, PA 19003
Impreso en Asia Pacific Offset, China

www.paolanogueras.net

ABC

de Puerto Rico

Aa

Amapola

Aguacates

Bb

Bandera

Bueyes

Cc

Coquí

Café

Cuatro

Ch

Chiringa

Dd

Disfraz

Enmascarado

Ee

Ff

Flamboyán

Gg

Gofio

Gg

Guanabana

Hh

Hamaca

Hh

Huella

Ii

Iglesia

Iguana

iii

Jj

Juguetes

Kk

Kayak

LI

Limones

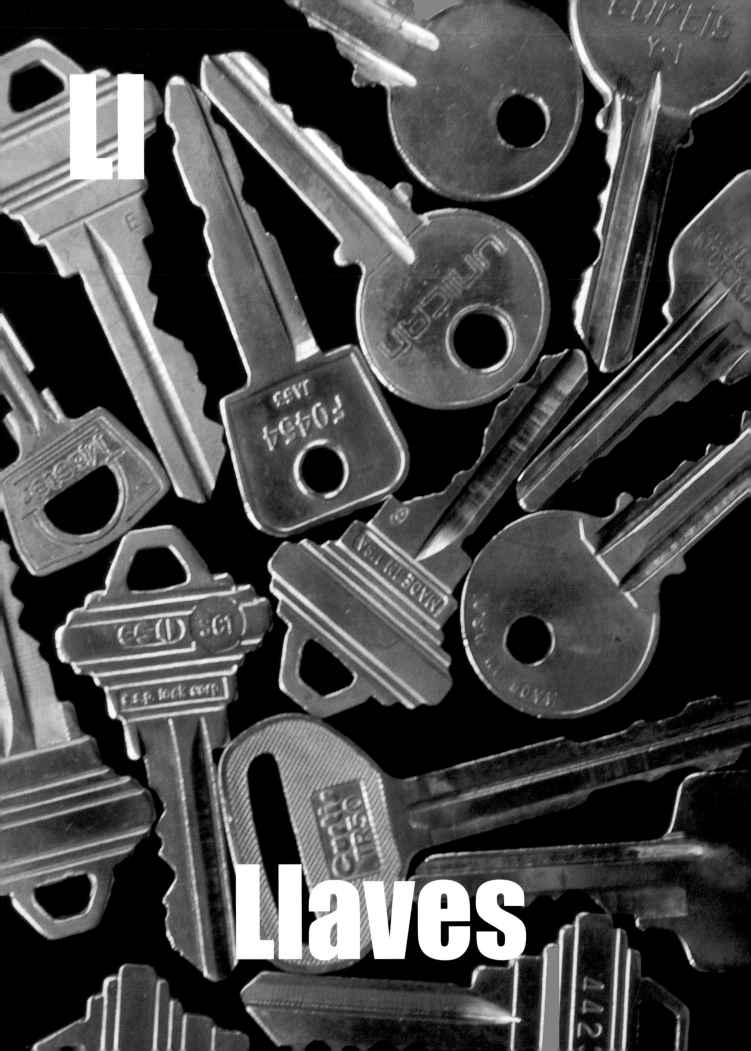

Ll

Llaves

Mm

Mundillo

Mangoes

Mm

Nn

Nísperos

Ññ

Ñame

Oo

Orquídea

Pp

Palma

Piñas Piragua

Qq

Quenepas

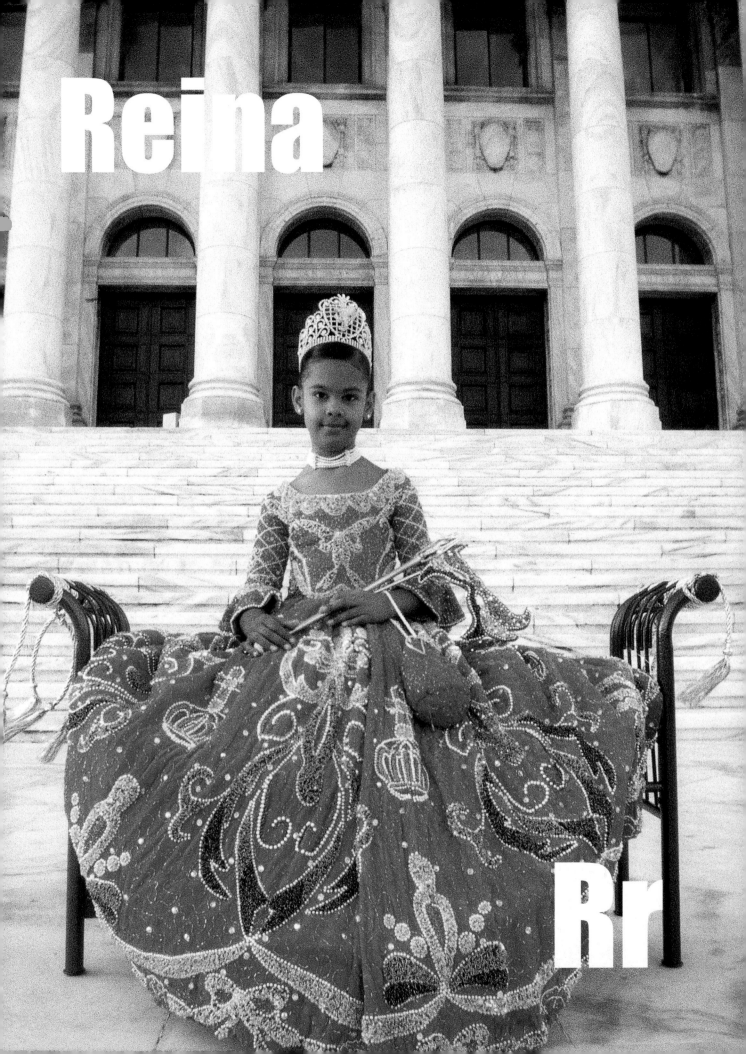

Reina

Rr

Ss

Santo

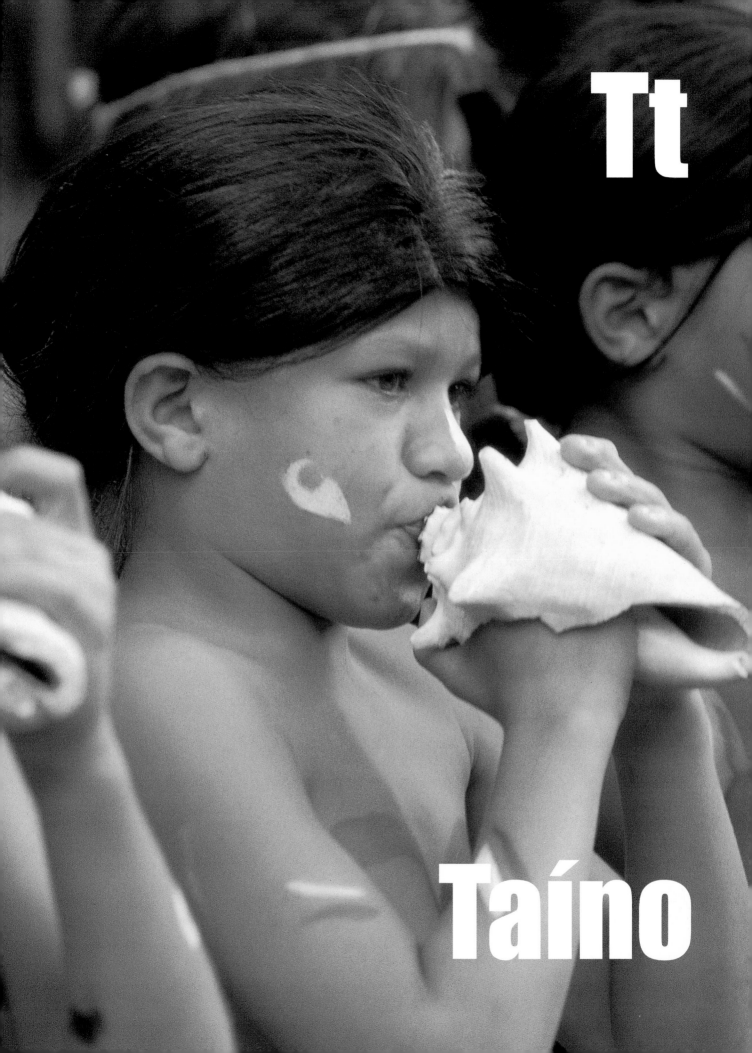

Tt

Taíno

Uu

Uva playera

Vv

Vejigante

Ww

Windsurfing

Xx

Xilófono

Yy

Yagrumo

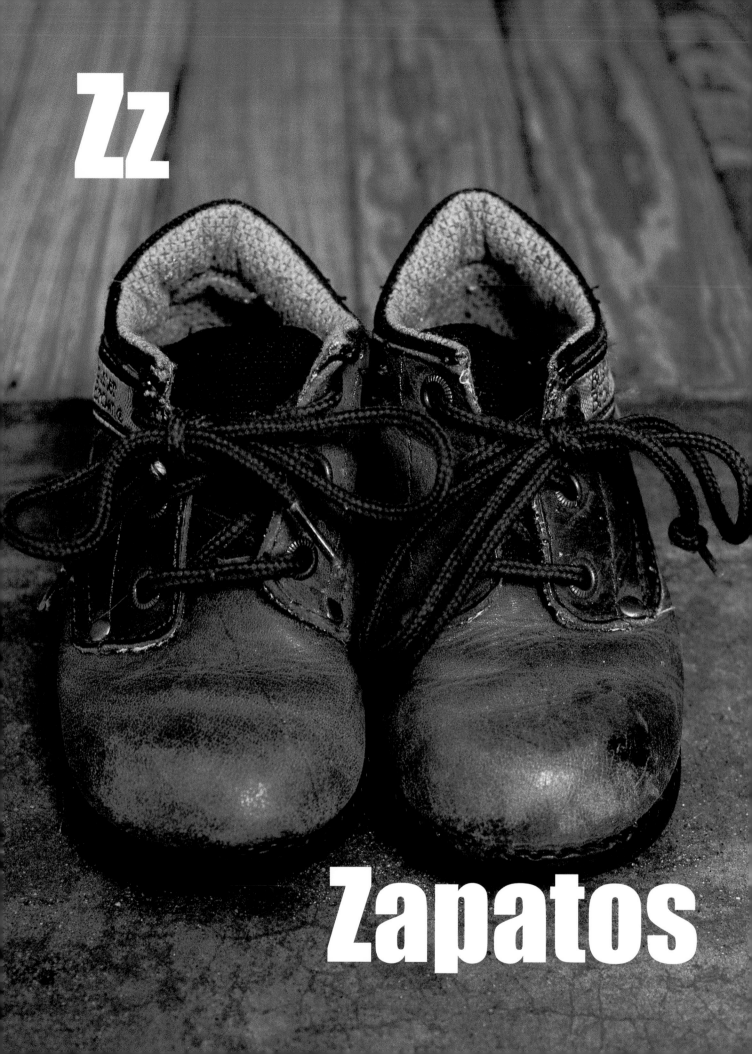

Zz

Zapatos

Pronunciations and translations

Amapola:[ah-mah-po'-lah], *hibiscus.*
Aguacates: [ah-goo-ah-cah'-tay], *avocados.*
Bandera: [ban-day'-rah], *flag.*
Bueyes: [boo-ay'-es], *oxen.*
Coquí: [co-kee'], *tree frog.*
Cuatro: [coo-ah'-tro], *typical five string guitar.*
Café: [cah-fay'], *coffee.*
Chiringa: [che-ren'-ga], *kite.*
Disfraz: [dis-frath'], *disguise or costume.*
Enmascarado: [en-mas-cah-ra'-do], *masked character.*
Flamboyán: [flahm-bo-yahn'], *flamboyant tree.*
Gofio: [go'-fe-o], *ground corn with sugar.*
Guanábana: [goo-ah-nah'-ba-nah], *soursop.*
Hamaca: [ah-mah'-cah], *hammock.*
Huella: [oo-el'-lyah], *footprint.*
Iglesia: [e-glay'-se-ah], *church.*
Iguana: [e-goo-ah'-nah], *iguana.*
Juguetes: [hoo-gay'-tays], *toys.*
Kayak: [kah'-yak], *kayak.*
Limones: [le-mo'-nes], *limes.*
Llaves: [ya'-bes], *keys.*
Mundillo: [moon-deel'-lyo], *type of lace.*
Mangoes: [mahn-go'-es], *mangos.*
Nísperos: [nees'-pay-ros], *fruit of the medlar tree.*
Ñame: [nyah'-may], *yam.*
Orquidea: [or-kee'-day-ah], *orchid.*
Palma: [pahl'-mah], *palm tree.*
Piña: [pee'-nyah], *pineapple.*
Piragua: [pe-rah'-goo-ah], *snow cone.*
Quenepas: [kay-ne'-pahs], *kinep or spanish lime.*
Reina: [ray'-e-nah], *queen.*
Santo: [sahn'-to], *saint.*
Taíno: [tah-e'-no], *Taino indian.*
Uva playera: [oo'-vah plah-yay'-ra], *seagrape.*
Vejigante: [vay-hee-gahn'-tay], *masked character.*
Windsurfing: *windsurfing.*
Xilófono: [se-lo'-fono], *xylophone.*
Yagrumo: [ya-groo'-mo], *trumpet tree.*
Zapatos: [thah-pah'-tos], *shoes.*